Ísis Fabiana de Souza Oliveira

Der Flirt mit dem großen bösen Wolf :

Ísis Fabiana de Souza Oliveira

Der Flirt mit dem großen bösen Wolf :

Die Beziehung zwischen Naivität und dem Bösen in der Psyche der modernen Frau

ScienciaScripts

Imprint

Any brand names and product names mentioned in this book are subject to trademark, brand or patent protection and are trademarks or registered trademarks of their respective holders. The use of brand names, product names, common names, trade names, product descriptions etc. even without a particular marking in this work is in no way to be construed to mean that such names may be regarded as unrestricted in respect of trademark and brand protection legislation and could thus be used by anyone.

Cover image: www.ingimage.com

This book is a translation from the original published under ISBN 978-620-2-04839-2.

Publisher:
Sciencia Scripts
is a trademark of
Dodo Books Indian Ocean Ltd. and OmniScriptum S.R.L publishing group

120 High Road, East Finchley, London, N2 9ED, United Kingdom
Str. Armeneasca 28/1, office 1, Chisinau MD-2012, Republic of Moldova, Europe
Printed at: see last page
ISBN: 978-620-7-23902-3

INDEX

EINFÜHRUNG.. 3

ÜBER ANALYTISCHE PSYCHOLOGIE UND KURZGESCHICHTEN 9

DEALING WITH EVIL: Wie sieht das aus? 17

WEIBLICHE NAIVITÄT UND DER PUELLA-ARCHETYP.................................... 24

ES WAR EINMAL 30

ABSCHLIESSENDE ÜBERLEGUNGEN 41

REFERENZEN 43

ANHANG... 46

Wenn es nicht etwas in uns gäbe, das den großen bösen Wolf schätzt, hätte er keine Macht über uns. Es ist daher wichtig, sein Wesen zu verstehen, aber noch wichtiger ist es, zu wissen, was ihn für uns attraktiv macht. So attraktiv Naivität auch sein mag, es ist gefährlich, ein Leben lang naiv zu bleiben (BETTELHEIM, S. 239, 2007).

EINFÜHRUNG

Ziel dieser Arbeit ist es, eine reflektierende Analyse der Beziehung zwischen Naivität und dem Bösen in der psychischen Dynamik der Frauen vorzunehmen. Zu diesem Zweck werden die verschiedenen Formen des Kontakts mit diesem Bösen und die Folgen seiner Verleugnung dargestellt, wobei es als Bestandteil des Schattens verstanden wird, mit anderen Worten als etwas, das in der Dunkelheit des Unbewussten verborgen bleibt, oder als negativer Animus, eine innere und bedrohliche männliche Facette in Frauen. Dies mit besonderem Augenmerk auf die Persönlichkeit der zeitgenössischen Frau und dem Umgang mit Naivität als Unbewusstheit, Verleugnung oder Verdrängung der "teuflischen" und "räuberischen" Aspekte der Psyche, wobei die Analytische Psychologie von Carl G. Jung als theoretische Grundlage dient.

Einige Mythen und Märchen werden Teil dieser Arbeit sein, um die oben genannten Themen zu veranschaulichen, da die Jungsche Psychologie ein Ansatz ist, der sich viel mit diesen mythischen Geschichten beschäftigt. Für Jung (1942/1987) sind Mythen Ausdruck unbewusster Prozesse und dienen dazu, das instinktive und das rationale Leben, mit anderen Worten das Unbewusste und das Bewusste, zusammenzubringen.

Märchen hingegen sind den Mythen insofern ähnlich, als sie ebenfalls keine moralische Konnotation haben und eine Beschreibung der universellen menschlichen Basis darstellen. Wie Silveira (1997, S. 119) es ausdrückt: "Märchen haben ihren Ursprung in den tiefen Schichten des Unbewussten, die der Psyche aller Menschen gemeinsam sind." Diese tiefe Psyche, die allen Menschen gemeinsam ist, bezeichnete Jung als "kollektives Unbewusstes", das das gesamte spirituelle Erbe der menschlichen Evolution enthält, das in der Gehirnstruktur jedes Individuums wieder auftaucht (JUNG, op. cit.). Instinkte und Archetypen bilden einen Teil dieses psychischen Körpers.

Archetypen sind angeborene Veranlagungen, die im Bewusstsein als wiederkehrende und universelle Bilder, Muster oder Motive erscheinen, die typische menschliche Erfahrungen auf unterschiedliche Weise darstellen und symbolisieren. Jung erklärt, dass der Archetyp, der bereits in der bewussten Sphäre erschienen ist, wahrnehmbar wird, indem er zum Beispiel zu einem archetypischen Bild - oder Symbol - wird.

Whitmont (1998) weist darauf hin, dass die Wahrnehmung von etwas als Symbol vor allem vom Standpunkt der bewussten Person abhängt, die es betrachtet. Deshalb betont Kast (2006), dass die eigene Persönlichkeit des Interpreten die Interpretation der von ihm analysierten Geschichte beeinflusst, so wie jede Geschichte eine Person anders berührt als eine andere.

Mit anderen Worten: Mythen und Märchen stehen in diesem archetypischen Kontext, weshalb sie für die analytische Psychologie von großem Interesse sind. Nach Kast (2006) sieht dieser Ansatz Märchen als symbolische Darstellungen von Problemen, die der gesamten menschlichen Spezies gemeinsam sind, und zeigt gleichzeitig gangbare Wege zur Lösung dieser Probleme auf. Die symbolische Sprache der Märchen wäre dann der Vermittler zwischen der inneren Welt (unbewusst, imaginär und geheimnisvoll) und der äußeren Welt (dem Bereich der Realität, in dem sich das Leben abspielt).

Die Geschichten, die in dieser Untersuchung vorgestellt werden, betreffen mythische Frauenfiguren wie Eva, Lilith, Bela aus "Die Schöne und das Biest", Rotkäppchen und Nina aus dem Film Black Swan, die in ihrem transformativen Kontakt mit dem Bösen verschiedene Auflösungen und Rückschläge veranschaulichen, die sich aus diesem Ansatz ergeben. Ebenso werde ich über die Raubtiere, Entführer, Dämonen und Ungeheuer sprechen, von denen in den Märchen und Mythen berichtet wird und die nichts anderes sind als Projektionen des "psychischen Raubtiers", das in den weiblichen

Figuren dieser Geschichten präsent ist.

Dies ist ein wichtiges Thema, wenn es darum geht, Frauen in ihrem realen Leben zu helfen, zu verstehen, warum sie destruktive männliche Figuren wie Blaubart und den großen bösen Wolf in ihr Schicksal ziehen und welchen Zweck die Begegnung mit dieser Art von Persönlichkeit für ihr psychisches Wachstum, ihren Individuationsprozess hat. Oder dass sie sich nicht so deutlich im täglichen Leben der Frau manifestieren, sondern durch ihre Träume und Fantasien voller Bosheit, die ihr Wohlbefinden stören.

Wie alle mythischen Geschichten stellen auch die hier erwähnten das Weibliche als Archetyp dar, denn dies ist, wie wir gesehen haben, die ursprüngliche Sprache der Mythen und Märchen. Auf diese Weise können sie sowohl aus der Perspektive des inneren Weiblichen des Mannes als auch als Verweis auf die zeitgenössische Frau auf ihrem heroischen Weg zur Totalität ihrer Persönlichkeit verstanden werden. In dieser Untersuchung soll jedoch insbesondere die letztgenannte Möglichkeit betont werden.

Qualls-Corbett (2005) weist auf einen Verlust einiger wesentlicher Aspekte des weiblichen Archetyps bei den heutigen Frauen hin, die sie den "Göttinnen-Archetyp" nennt und die das instinktive Leben betreffen und sich auf Schönheit, Zufriedenheit mit dem Leben und der Natur, Kreativität und die Kanalisierung von Sexualität und Spiritualität beziehen. Dieser Verlust fördert eine Sterilität im Leben, die die psychische Entwicklung einschränkt und wichtige Elemente der Persönlichkeit ins Unbewusste verlagert. Diese Verdrängung wichtiger Teile der Persönlichkeit in den Schatten untergräbt einen großen Teil der bewussten Energie, die sich auf diese Elemente zu konzentrieren beginnt, ihnen Kraft verleiht und ihnen den Charakter von etwas Unbekanntem, Beängstigendem, Gefährlichem zuschreibt, das, gerade weil es ihre Energie "saugt", als etwas Raubtierhaftes und Dämonisches wahrgenommen wird.

Das Böse wird so geschaffen. Es ist innerlich, wird aber im Allgemeinen als äußerlich wahrgenommen, und es wird eine Physiognomie und Intensität haben, die der Vehemenz entspricht, mit der man es zu leugnen versucht. Und es zu leugnen bedeutet, in einer Position der Unschuld und Verletzlichkeit gegenüber dem Leben verharren zu wollen.

Angesichts dieser Überlegungen stellt sich die folgende Frage: Welche Zusammenhänge bestehen zwischen Naivität und bösem Handeln in der psychischen Dynamik von Frauen aus jungscher Sicht?

In den folgenden Kapiteln werde ich versuchen, diese Frage zu beantworten, indem ich analysiere, welche theoretische Unterstützung die Jungsche Psychologie für das Verständnis dieser Beziehung bietet, welche Möglichkeiten es gibt, das Böse in die Erfahrungen von Frauen zu integrieren, und welchen Beitrag Märchen und Mythen leisten können, um die naiven und dunklen Aspekte in den Frauen von heute zu identifizieren.

Das Hauptziel dieser Untersuchung ist es, über die Bedeutung der Integration des Bösen in den Individuationsprozess der zeitgenössischen Frauen nachzudenken. Genauer gesagt sollen die inneren und äußeren Folgen der Polarisierung in die naiven oder dunklen Aspekte der Persönlichkeit im Individuationsprozess der Frauen sowie die Möglichkeiten der Integration des Bösen in diesen Prozess beschrieben werden, wobei auch die Art und Weise verstanden werden soll, in der die Dynamik des Weiblichen in seiner Beziehung zum Bösen in Mythen und Märchen dargestellt wird.

Mit diesem Werk hoffe ich, dem Leser ein klareres Verständnis der Jungschen Analytischen Psychologie in ihrem Verständnis des Bösen zu vermitteln und aufzuzeigen, wie die verschiedenen Arten des Umgangs mit dem Bösen den Individuationsprozess einer Frau beeinträchtigen. Das Böse liegt vor allem im Schatten, in dem Teil der Psyche, in dem das Unbekannte, das Unbewusste wohnt, und die Aufgabe, diesen Aspekt ins Licht des Bewusstseins zu bringen, ist ein vielversprechender Schritt in der Entwicklung der Persönlichkeit. Dies ist auch eine der wichtigsten Etappen der Psychotherapie und eine der schwierigsten.

Hilmann (2004) spricht von der "Heilung des Schattens" und sagt, dass wir dazu zunächst erkennen müssen, was verdrängt wurde. Er sieht die Heilung des Schattens als ein Problem der Liebe, denn, wie er sagt: "Wie weit wird diese Liebe zu allem Unangenehmen und Perversen in uns gehen?" (S. 79). Auf diese Weise wird das Ego, unser persönliches Selbst, dazu gebracht, seine inneren Dämonen direkt anzuschauen und sie als Teile seiner selbst zu akzeptieren, Mitgefühl für seine Schwächen zu haben und sie als ebenso wichtig wie seine Qualitäten anzuerkennen. So stellen die unangenehmen Schattenfiguren in unserer Psyche, wenn sie richtig akzeptiert und willkommen geheißen werden, keine Bedrohung mehr dar, weil wir sie bereits kennen und wissen, wie wir mit ihnen umgehen können.

Es ist wichtig zu betonen, dass die Überlegungen über das Böse in dieser Untersuchung, die speziell auf das weibliche Geschlecht ausgerichtet sind, mit der besonderen Absicht gemacht wurden, Zweifel bezüglich der eigenen psychischen Entwicklung der Autorin als Frau auszuräumen. Auf diese Weise will diese Arbeit Überlegungen über die Dynamik der Integration der "bösen" Seite in der Frau, die im Schatten und im negativen Animus vorhanden ist, und über die Art und Weise, wie sie in der äußeren Umgebung vorgeht, wenn diese Aspekte ignoriert werden, anregen.

In den folgenden Kapiteln wird näher erläutert, was der Schatten und der Animus sind, wie sie in der Psyche wirken und wie sie zum Verständnis der Gesamtpersönlichkeit beitragen. Es wird auch erläutert, worauf sich die hier angesprochene "Naivität" bezieht, welche Eigenschaften sie hat, welche Vor- und Nachteile sie für die psychische Entwicklung der Frau hat, und es wird näher auf die psychologischen Konzeptualisierungen des Weiblichen eingegangen.

Zu diesem Zweck wurde die Methodik der Literaturrecherche angewandt, die sich, wie Silva und Menezes (2005) erläutern, auf die theoretische Grundlage bezieht, auf der sich der Forscher dem Thema und dem Forschungsproblem nähern wird. In diesem Prozess wird die Forschung durch die Strukturierung eines theoretischen Rahmens entwickelt, der durch eine Analyse der für das Thema ausgewählten Literatur unterstützt wird. Auf diese Weise werden verschiedene Autoren herangezogen, um die theoretische Grundlage für die hier vorgestellte Diskussion und die Beantwortung des vorgeschlagenen Problems zu schaffen.

Der theoretische Diskurs erstreckt sich über vier Kapitel, von denen das erste die Sichtweise der Analytischen Psychologie auf Mythen und Märchen sowie die Art und Weise, wie sie interpretiert werden, erläutert und einige der Konzepte des von Jung vorgeschlagenen psychischen Modells klarstellt. Das zweite Kapitel mit dem Titel "Der Umgang mit dem Bösen: Wie sieht er aus?" wirft die Frage des Schattens auf, erklärt, was er ist, setzt ihn in Beziehung zur Symbolik des Bösen, des Teufels und des großen bösen Wolfs und stellt einige Überlegungen über das Weibliche im Umgang mit dem Bösen an, wobei es auch als negativer Animus der Frau analysiert wird.

Das dritte Kapitel wiederum erörtert, was Naivität bei Frauen ist, welchen psychischen Nutzen sie hat und welche Eigenschaften sie hat, wenn sie im Bewusstsein polarisiert ist, was zum Archetyp der Puella, der "ewig Jungen" führt. Und schließlich fasse ich im letzten Kapitel zusammen, wie mythische Geschichten durch Symbole veranschaulichen, was hier theoretisch erklärt wurde.

ÜBER ANALYTISCHE PSYCHOLOGIE UND KURZGESCHICHTEN

> Im Verborgenen spürt der Mensch, dass sich in seinem tiefsten Innern Ereignisse abspielen. Es sind diese Resonanzen, die das Märchen unendlich faszinierend machen (SILVEIRA, 1997, S. 106).

Wie die Mythen gibt es auch die Märchen schon seit vielen Jahrhunderten vor Christus, und ihr Ursprung und ihre Verbreitung in der ganzen Welt sind Gegenstand zahlreicher Forschungen und Nachforschungen. Unabhängig davon, wie viel Zeit vergeht, bleibt die Faszination, die Märchen und Mythen auf Erwachsene und Kinder ausüben, unverändert, da sie einen Kern von Wahrheit haben, der die Tiefen der menschlichen Seele berührt und die Menschen dazu bringt, sich irgendwie mit einem Aspekt dessen zu identifizieren, was in der magischen Handlung dieser Geschichten angesprochen wird.

Als eine der Möglichkeiten für den Ursprung der Märchen schlägt Coelho (2003) vor, dass die Frage der Völkerwanderung und der Weitergabe der Kultur teilweise erklärt, warum es in Gesellschaften, die scheinbar keine Verbindung zueinander hatten, Märchen gibt, die einander so ähnlich sind. Ein Beispiel hierfür wäre die keltische Kultur, die sich Mitte 2000 v. Chr. über Europa und den Nahen Osten ausbreitete und die Kultur der Feen und übernatürlichen Frauen verbreitete. Auch von Franz (1985) verweist auf die Entartung von Mythen und religiösen Lehren und sogar Literatur, die eigene Titel erhielten und als Einzelmärchen weitergegeben wurden, als wahrscheinlichen Ursprung der Märchen.

Selbst wenn wir die vorgenannten Möglichkeiten für gültig halten, ist die andere, psychologische Erklärung für dieses Phänomen diejenige, die die Grundlage für das Verständnis von Märchen und Mythen im Jungschen Ansatz bildet, da sie sich auf Carl Gustav Jungs Theorie der Archetypen, Symbole und des kollektiven Unbewussten bezieht. Voz Franz, der ein wichtiger Verbreiter der Jung'schen Konzepte war und viel zur Erforschung der Märchen beigetragen hat, erklärt, dass eine Geschichte immer aus einem parapsychologischen Kern oder aus Träumen entsteht, und wenn sie einen für die lokale Kultur typischen Inhalt enthält, hat sie die Tendenz, sich auszuweiten und zu verbreiten (VON FRANZ, 1985).

Dieser von Von Franz beschriebene "Kern" wäre ein Archetyp. Archetypen sind angeborene Veranlagungen, die im Bewusstsein als wiederkehrende und universelle Bilder, Muster oder Motive erscheinen, die typische menschliche Erfahrungen auf unterschiedliche Weise darstellen und symbolisieren. Jung (1934/2008) postulierte, dass jedes Individuum ein einzigartiges Wesen mit besonderen Eigenschaften ist, dessen Persönlichkeit aber auch aus kollektiven Aspekten besteht. Für Jung (1916/2011) entsprechen diese Aspekte der Psyche dem biologischen Konzept der *Verhaltensmuster* - unbewusste Dispositionen, die er Archetypen nannte und die sich dem Bewusstsein in Form von Bildern oder Symbolen darstellen. Nach Whitmont (1998) ist ein Archetyp etwas Primitives, das sich wiederholt und in der Seele eingeprägt ist und die Grundlage des kollektiven Unbewussten bildet.

Eine genauere Erklärung dessen, was das Unbewusste für den Jung'schen Ansatz ist, ist angebracht. Das Unbewusste wird von Jung (1942/1987) als die Gesamtheit der psychischen Phänomene definiert, denen die Qualität des Bewusstseins fehlt. Mit anderen Worten: Inhalte, die nicht genügend energetischen Wert haben, um die Schwelle des Bewusstseins zu überwinden. Er unterscheidet das Unbewusste in zwei Teile: das persönliche Unbewusste und das kollektive (oder überpersönliche) Unbewusste.

Das persönliche Unbewusste ist eine Schicht, die ausschließlich aus persönlichen Elementen und Bestandteilen der Integrität der menschlichen Persönlichkeit besteht. Es enthält das, was Jung "schwache" Inhalte (unterhalb der Bewusstseinsschwelle) nannte, sowie Verdrängungen, unangenehme Eindrücke und verlorene Erinnerungen. Es ist erwähnenswert, dass diese Elemente leichter ins Bewusstsein gelangen können, was eine relative Unbewusstheit kennzeichnet und daher auch als Unterbewusstsein bezeichnet wird.

Das kollektive Unbewusste hingegen wird als eine psychische Energie betrachtet, die kontinuierlich wirkt und einen universellen und nicht individuellen Charakter hat. Mit anderen Worten: Die ererbten unbewussten Prozesse - Instinkte und Archetypen - wiederholen sich überall gleichmäßig und regelmäßig. Das kollektive Unbewusste enthält das gesamte geistige Erbe der Evolution der Menschheit, das in der Gehirnstruktur jedes Einzelnen wieder auftaucht (JUNG, 1942/1987).

Da es sich um ein psychisches Element handelt, das das kollektive Unbewusste ausmacht, ist der Archetyp selbst latent, nicht verwirklicht und daher nicht wahrnehmbar (WHITMONT, 1998). Er bestimmt nichts; es gibt nur Wirkungen (Symbole), die durch ihn erzeugt werden können. Mit anderen Worten: Der Archetyp wird erst dann wahrnehmbar, wenn er im Bewusstsein auftaucht und zum Beispiel zu einem archetypischen Bild - oder Symbol - wird.

Silveira (1997) weist darauf hin, dass nicht jedes archetypische Bild an sich ein Symbol ist. Das Symbol ist nie völlig abstrakt, aber gleichzeitig ist es auch "inkarniert", das heißt, es manifestiert sich immer in Form von darstellbaren Prozessen oder auch in Figuren, Bildern und Gegenständen. In der Beziehung zwischen dem Archetyp und dem Ich entsteht das Symbol, und deshalb kann man sagen, dass der Archetyp Möglichkeiten eröffnet, während das Ich sie verschliesst. Aus diesem Grund weist Whitmont (1998) darauf hin, dass es in erster Linie vom Standpunkt des Bewusstseins, des Ichs, das es betrachtet, abhängt, ob wir etwas als Symbol wahrnehmen oder nicht.

Daher weist Kast (2006) in Bezug auf Märchen darauf hin, dass die eigene Persönlichkeit des Interpreten in die Interpretation des von ihm analysierten

Märchens einfließt, so wie jedes Märchen eine Person anders berührt als eine andere. Und wie Bettelheim (2007) hinzufügt, kann ein und dieselbe Geschichte ein und dieselbe Person zu verschiedenen Zeiten in ihrem Leben unterschiedlich berühren und immer wieder neue subjektive Bedeutungen hervorrufen. Indem sie in einer symbolischen Sprache sprechen, erreichen Mythen und Märchen also gewissermaßen den Kern des menschlichen Wesens und verweisen auf ein tiefes Wissen über sich selbst, auch wenn man sich dessen nicht bewusst ist.

Für Coelho (2003) sind die Könige, Königinnen, Prinzen, Prinzessinnen, Hexen, Feen, magischen Gegenstände, Drachen, Schätze, Abenteuer und Missgeschicke der Märchen im Wesentlichen Archetypen und Symbole, die die angeborene Veranlagung des Menschen zu Verhalten, Gestaltung und Bewältigung guter und schlechter Situationen in seinem normalen irdischen Leben zeigen. Für den Jungschen Ansatz ist die Hauptfunktion von Geschichten die Suche nach Ganzheit, nach der Vollständigkeit des Seins, und das Selbst ist für diese Funktion verantwortlich.

In Bezug auf dieses Element erklärt Jung (1942/1987), dass das *Selbst* der ursprüngliche Archetyp der Persönlichkeit ist, da es im Zentrum des kollektiven Unbewussten steht und die psychische Instanz ist, die in der Lage ist, das Bewusste und das Unbewusste zusammenzuführen; der Kern und die unbedingte Totalität der Psyche. Das Selbst ist der große Führer und Organisator der Persönlichkeit, und nur es kennt sie als Ganzes. Das Ich bleibt mit dem Selbst verbunden, aber da es das Zentrum des Bewusstseins ist, kennt es nur einen Teil dieser Persönlichkeit. Nach Jung (a.a.O.) ist die menschliche Psyche ein Leben lang auf der Suche nach der Erfüllung ihrer Seele, nach der Erfüllung der Persönlichkeit als Ganzes, nach ihrem wahren und vollständigen Selbst. Jung nannte diese Suche den "Individuationsprozess", in dem das Ich allmählich sein Bewusstsein erweitert, sich seines Unbewussten bewusst wird und so dem Selbst immer näher kommt.

Daher die Bedeutung von Märchen und Mythen, denn nach Von Franz (1990) werden durch die Figuren und Ereignisse dieser mythischen Geschichten archetypische Erfahrungen wiedererlebt, die zur Selbsterkenntnis und zur Verwirklichung des gesamten Selbst führen. Der Autor führt weiter aus, dass verschiedene Märchen auf unterschiedliche Facetten der menschlichen archetypischen Erfahrung hinweisen, so dass in einigen die Frage des Schattens betont wird, in anderen die Erfahrung der *coniunctio*, d.h. der Anima und des Animus und der dahinter stehenden Elternbilder (wie später zu sehen sein wird). In anderen Geschichten wird die mühsame Suche nach dem unerreichbaren Schatz hervorgehoben, die auf die zentralsten Erfahrungen der Psyche hinweist. Es ist jedoch wichtig zu erkennen, dass alle Geschichten in gleicher Weise gültig sind, denn es gibt keine "archetypische Hierarchie" in der Psyche, sie sind alle Teil des kollektiven Unbewussten und arbeiten auf das gleiche Ziel hin, das Ego dem Selbst näher zu bringen.

Von Franz (1990) fügt hinzu, dass, wenn verschiedene Personen ein und dasselbe Märchen aus ihrem eigenen Blickwinkel interpretieren, individuelle Aspekte zum Vorschein kommen, wie eine Art subjektives Bekenntnis. Und was die psychologische Interpretation von Märchen betrifft, so hält die Autorin eine allgemeine Kenntnis der Archetypen für unerlässlich. Ohne die "Laterne" des archetypischen Wissens werden ihrer Meinung nach die wesentlichen Aspekte des Märchens nicht vom Bewusstsein erhellt und daher nicht wahrgenommen.

Der Autor betont, dass Märchen ein Muster, ein Modell sind, das bestimmte Strukturen des kollektiven menschlichen Funktionierens veranschaulichen soll, und daher keine endgültige und absolute Lösung bieten. Ihr "Happy End" ist unvollständig - so zufriedenstellend es auf den ersten Blick auch erscheinen mag -, denn das Märchen soll nur zeigen, wie die Libido in der

Psyche fließt und sich nie selbst verschließt (VON FRANZ, 2010).

Nach Von Franz (1990) gibt es einige Schlüsselfragen, die bei der Analyse der Geschichte helfen: "Hat diese Interpretation eine Bedeutung für mich? Ist sie zufriedenstellend? Wer sind die Hauptfiguren? An welche Archetypen und Symbole knüpft sie an? Welche Gefühle und Emotionen sind in der Geschichte vorhanden? Mit welchen Lebenssituationen wird sie in Verbindung gebracht? Wie Kast (2006) hervorhebt, sollte die Interpretation von Märchen zumindest zum Nachdenken anregen oder Widersprüche aufdecken. In jedem Fall gibt es keine "richtige" Art der Interpretation, da diese von der subjektiven Befriedigung abhängt, die jede Person aus der Analyse des Märchens zieht.

Um diese subjektive Befriedigung zu erweitern, werden einige der Märchen in Kapitel VII auch unter dem Gesichtspunkt der Psychoanalyse analysiert, was nach Bettelheim (2007) die jungsche Haltung bestätigt, dass unzählige Interpretationen von Märchen gleichermaßen zutreffend sein können. In den Worten dieses psychoanalytischen Autors enthalten die Märchen einen "Reichtum und eine Tiefe (...), die weit über das hinausgehen, was selbst die sorgfältigste Untersuchung (...) aus ihnen herausholen kann" (S. 29).

Aus psychologischer Sicht sind Mythen den Märchen sehr ähnlich und werden auch in dieser Arbeit verwendet, wie z.B. der Mythos von Eva und Lilith. Nach Jung (a.a.O.) sind Mythen, ebenso wie Märchen, Ausdruck unbewusster Mechanismen, die durch ihre Symbolsprache direkt die Instinkte des Mythenempfängers ansprechen und so das Unbewusste dem Bewusstsein näher bringen. Gerade weil er sich mit dem instinktiven Leben befasst, hat der Mythos nichts mit Ethik oder Moral zu tun. Er ist immer kollektiv und bezieht sich auf eine Schöpfung - auf die Existenz, ein Verhalten, eine Institution, die Sonne, den Mond usw.

Von Franz (1985) unterscheidet zwischen Märchen und Mythen und argumentiert, dass Märchen die grundlegende psychologische Anatomie des

Menschen viel stärker widerspiegeln als Mythen und literarische Produktionen. Sie erklärt, dass sich Mythen im Allgemeinen auf die Zivilisation beziehen, in der sie spielen, und Aspekte der Kultur, des Glaubens und der Politik des Volkes, das sie erzählt, mit sich bringen, seien es Griechen, Ägypter, Babylonier usw. Das Märchen hingegen ist in Bezug auf diese Elemente "schlanker", so dass es besser wandern und sich in jede Bevölkerung einfügen kann, was für jeden einen Sinn ergibt. Von Franz (1985) betont jedoch, dass man in beiden die vorhandenen archetypischen Elemente wahrnehmen und so die strukturellen Komplexe der Geschichte kennen lernen kann, indem man die Lösungen und Wege beobachtet, die präsentiert werden.

Daher gilt es klarzustellen, dass sowohl Mythen als auch Märchen wichtige Hilfsmittel sind, um über die metaphorische Sprache der Symbole mit dem Unbewussten in Kontakt zu treten, und beide werden zur Veranschaulichung der hier vorgestellten Theorie herangezogen. In Übereinstimmung mit den oben erwähnten Überlegungen von Franz wird jedoch den Märchen bei der Erläuterung der Theorie größere Bedeutung beigemessen, da sie den psychischen Inhalt prägnanter und deutlicher veranschaulichen. Auch Bettelheim (2007) unterstützt diese Ansicht, da er es als charakteristisch für Märchen ansieht, ein existenzielles Dilemma auf prägnante und direkte Weise zu beschreiben. Diesem Autor zufolge vereinfacht das Märchen alle Situationen, indem es seine Figuren sehr klar umreißt und dem Leser alle ihre Eigenschaften, ob gut oder schlecht, vor Augen führt.

Was den Inhalt des "Bösen" in den Märchen betrifft, so kritisiert der genannte Autor die modernen Kindergeschichten, die es unterdrücken und die Kinder daran hindern, mit diesem ihrer Natur innewohnenden Element in Berührung zu kommen, und es ins Unbewusste verdrängen, was dazu führen kann, dass es an Stärke gewinnt und später auf unangemessene Weise zum Vorschein kommt. Nach Ansicht des Autors ist es von entscheidender

Bedeutung, die ursprüngliche Form der Märchen beizubehalten, da das Böse ebenso Teil der Geschichte ist wie die Tugend, um zu zeigen, dass Gut und Böse im Leben und im Menschen allgegenwärtig sind und zu seinem Wesen gehören.

So wie das Böse in den Geschichten, die den Kindern erzählt werden, unterdrückt wird, versuchen auch die Erwachsenen, das Böse aus ihrer Persönlichkeit zu verdrängen, indem sie es als etwas ihnen völlig Fremdes betrachten, es auf die Welt projizieren und versuchen, sich davon fernzuhalten. Bei den Frauen führt diese Haltung dazu, dass sie wie die Jungfrauen in den Märchen bleiben, naiv und verletzlich gegenüber den Widrigkeiten des Lebens, ohne zu erkennen, dass ihre dunkle Seite umso stärker hervortritt, je mehr sie sie verleugnen. Und genau das werden wir im nächsten Kapitel sehen.

DEALING WITH EVIL: Wie sieht er aus?

> Alle Lebewesen müssen lernen, dass es Raubtiere gibt. Ohne dieses Wissen ist eine Frau nicht in der Lage, sich in ihrem eigenen Wald sicher zu bewegen, ohne verschlungen zu werden. Das Raubtier zu verstehen bedeutet, ein reifes Tier zu werden, das wenig anfällig für Naivität, Unerfahrenheit oder Dummheit ist (ESTÉS, 1994, S. 65).

Die Angst vor dem Bösen ist natürlich und jedem Menschen angeboren. Wenn wir jedoch aus einer psychologischen Perspektive darüber sprechen, wird diese Angst gemildert, indem wir sie als eine weitere der vielen Figuren in unserer Psyche, in unserer privaten und subjektiven Geschichte verstehen.

Jung (1942/1987) erklärt, dass das Individuum, wenn es sich in irgendeiner Weise vom Unbewussten distanziert, indem es es verdrängt, es "von hinten angreift" und autonom und unbequem für das Ich auftaucht. Und der Teil der Persönlichkeit, der zum Nachteil des "idealen Ichs" verdrängt, unterdrückt wurde, wurde von Jung als "Schatten" bezeichnet. Mit anderen Worten, es ist das Ich, das all jene Eigenschaften der Persönlichkeit als negativ postuliert, die es nicht mag und die es nicht in seinem Bewusstsein präsent haben will, indem es den Schatten bildet, aber er ist an sich weder gut noch schlecht, nicht mehr oder weniger wertvoll als jeder andere Inhalt der Psyche. Wie alle Phänomene, die sich im Unbewussten befinden, wird der Schatten durch Träume, Phantasien oder Projektionen gefunden, die sich im Anderen und in der Vision, die man von ihm hat, niederschlagen (WHITMONT, 1998).

Von Franz (1985) betont jedoch, dass diese Sichtweise des Schattens als ein Element der Psyche, das mit dem Ich-Komplex zusammenhängt und zu diesem hinzugefügt werden könnte, es aber aus irgendeinem Grund nicht tut, nur eine Teilsicht ist. Der Autor zitiert einen Satz von Jung, in dem er ausruft, dass "der Schatten einfach die Gesamtheit des Unbewussten ist" (S. 11). Mit anderen Worten, er ist alles, was dem Ich nicht bewusst ist, und besteht aus persönlichen und kollektiven Substraten.

Der kollektive Schatten bezieht sich auf die Dualität des Selbst, das, da es ein Archetyp ist, die Aspekte von Licht und Schatten, Tod und Leben, Gut und Böse ohne Wertunterscheidung unter ein und dasselbe Gewicht bringt. Unter diesem Gesichtspunkt versteht O'Kane (1999) den Schatten als die dunkle, perverse und irrationale Seite des Selbst, die sich sowohl auf persönlicher als auch auf kollektiver Ebene offenbaren kann.

Hilmann (2004) wiederum bringt das Bild des Teufels direkt mit diesem chthonischen Schatten in Verbindung, der dem Selbst innewohnt, da er eine obskure archetypische Entität ist, die in den winterlichen Tiefen unseres Unbewussten wohnt. Der Teufel, "dâimon", bedeutete im Altgriechischen einfach eine minderwertige, gute oder böse Gottheit. In diesem griechischen Sinne verwendet Jung den Begriff in seiner Literatur.

In Übereinstimmung mit Hilmanns Überlegungen ist für Fuentes (1997) das Bild des Teufels archetypisch, dem Unbewussten inhärent und manifestiert sich durch die Komplexe, die die autonomen Affekte der Seele sind, die vom Bewusstsein getrennt sind und nur durch Symbole wahrgenommen werden. Mit anderen Worten, wir können die Existenz der Teufelsfigur nicht als solche betrachten, sondern müssen sie als ein psychisches Phänomen analysieren, das aus einer Projektion emotionaler Erfahrungen resultiert.

Auf diese Weise nimmt der Teufel, wie alle verdrängten unbewussten Inhalte, als Symbol des bösen Aspekts der menschlichen Natur, des persönlichen und kollektiven Schattens, Gestalt und Macht an, wenn die "gute" Seite polarisiert wird. Nach Fuentes (1997) ist der Teufel an sich nicht böse, aber er nimmt diese Form im Schatten des Individuums an, wenn eine der unbewussten archetypischen Mächte fälschlicherweise als absolut, als psychische Totalität angenommen wird und die anderen außer Acht gelassen werden.

Die Lösung hierfür wäre nach Hilmann (2004) die bewusste Integration dieses Übels in die Gesamtpersönlichkeit. Mit den Worten des Autors:

Nicht in unserem Schatten wächst die Kraft des Teufels, sondern in unserem Licht.

Er gewinnt, wenn wir uns von unserer Dunkelheit abkoppeln... Der beste
Schutz ist also nicht die Verstärkung des Guten und des Lichts, sondern
die Vertrautheit mit unserem Schatten und unserem teuflischen Aspekt (S.
96).

O'Kane (1999) betont, dass der Schatten nicht in dem Sinne "integriert"
werden kann, dass er aufhört zu existieren oder seine Bedeutung in der
Psyche verliert, nicht zuletzt deshalb, weil jeder Punkt des Schattens, der ins
Licht des Bewusstseins gerückt wird, einer anderen Komponente der Psyche
Raum gibt, in die Dunkelheit zu rücken. Von Franz (2010) fügt in diesem
Zusammenhang hinzu, dass Archetypen keineswegs "abgetötet" werden
können, sondern dass ihr negativer Aspekt konfrontiert und neu
gekennzeichnet werden muss, damit sie nicht wieder in gleicher Weise in
Erscheinung treten. Aber dieser Autor bekräftigt: Der Teufel wird immer
wiederkehren, in anderen Gestalten und mit anderen Auswirkungen auf das
Ich, aber er kehrt zurück.

So kann man verstehen, dass dunkle und dämonische Punkte in der Psyche
nie aufhören zu existieren, aber sie müssen keine negative Kraft auf das Ego
ausüben, wenn es seine Beziehung zum dunklen Pol ändert und sie als der
Persönlichkeit als Ganzes innewohnend anerkennt. Auf diese Weise wird
deutlich, dass die Wahrnehmung von Dämonen, Raubtieren und anderen
bösartigen Wesenheiten in der äußeren Umgebung in direktem
Zusammenhang mit dem eigenen inneren Bösen steht, das im Unbewussten
verdrängt und versteckt gehalten wird. Der Umgang mit dem Schatten ist für
jeden Menschen elementar, aber speziell bei Frauen erscheint dieser innere
Teufel nicht nur durch den Schatten, sondern auch durch eine andere "innere
Gestalt": den Animus.

Jung verwendete die Begriffe Anima und Animus, um die gegensätzlichen
archetypischen Elemente zu bezeichnen, die in Männern und Frauen
existieren. Sanford (2002) erläutert dieses Thema, indem er sagt, dass die

Anima der weiblichen Komponente in der Persönlichkeit eines Mannes entspricht und der Animus sich auf die männliche Komponente in der Persönlichkeit einer Frau bezieht. Dies sind die Archetypen, die dem Selbst am nächsten stehen, weshalb sie überpersönlich sind und dem kollektiven Unbewussten angehören. Es ist jedoch wichtig klarzustellen, dass die Dynamik dieses Archetyps nicht so fragmentiert behandelt wird, wobei die "Anima" als die Seele im Allgemeinen betrachtet wird, als die Gesamtheit des Unbewussten einer Person, ob männlich oder weiblich, so wie auch der Animus ein Element ist, das in beiden Geschlechtern vorhanden ist. In dieser Arbeit wird der Animus speziell als die männliche Seite der Frau bezeichnet.

Was den Animus betrifft, so erklärt Sanford (2002), dass er eine innere männliche Logik darstellt, die sich typischerweise in einer Frau durch Urteile, Verallgemeinerungen, kritische Gedanken usw. manifestiert. In seiner negativen Form kann er ihr die Kreativität nehmen und sie daran hindern, ihre Ideen zu verwirklichen, wobei er oft ihre affektive und gefühlsbetonte Seite blockiert und verhindert, dass andere Menschen sie wahrnehmen und erleben. Und weil er dem Selbst, dem zentralen Archetyp der Persönlichkeit, so nahe ist, sagt von Franz (2010), dass in den Kritiken und Urteilen, die der Animus der von ihm beherrschten Frau auferlegt, immer eine kollektive Wahrheit steckt, die stärker ist als sie und sich mit ihrem eigenen "Ich" verwechselt. Es lohnt sich zu sagen, dass diese Auferlegung durch den Animus sowohl gegen die Frau selbst gerichtet ist, die von diesem archetypischen Wesen gequält wird, das sie ständig herabsetzt, als auch gegen den Anderen und die Welt, wo er alles und jeden kritisiert und beurteilt und sich selbst in eine Autoritätsposition bringt.

In einer Zusammenfassung der Eigenschaften des negativen Animus sagt Von Franz (2010), dass er Frauen in ihren Kämpfen, die mit Emotionen und Beleidigungen aufgeladen sind, explosiv macht und sie dazu neigen lässt, ihre Macht, ihre Stärke, ihre männliche Energie aus diesem Archetyp heraus zu zeigen. In ihrer Erklärung des Animus in dem Buch "O homem e seus simbolos" (2002) charakterisiert die oben genannte Autorin diesen Archetyp als eine Überzeugung, die in ihrer negativen Form selbst die äußerlich weiblichste Frau in eine kalte, unzugängliche, unerbittliche Person verwandeln kann. Die unbewusste wertende Meinung des Animus kann sogar zu einer tiefen Verunsicherung der Frau führen, die sie lähmt, ihr ein Gefühl der Leere gibt und auch ihre Gefühle blockiert (VON FRANZ, 2002).

Ergänzend zu Von Franz weist auch Qualls-Corbett (2005) darauf hin, dass, wenn die fruchtbare Vitalität des Weiblichen verdorrt und unfruchtbar wird, der negative Animus die Kontrolle übernimmt und die weibliche Essenz der Frau zu einer Gefangenen dieser dominierenden männlichen Kraft wird, so dass ihr "Ich" kaum erkennt, dass es unterjocht und vom Animus "besessen" ist, was hauptsächlich in Träumen wahrgenommen wird. In diesen Träumen ist die Frau in der Regel in einer Falle gefangen oder wird von einem unheimlichen Mann oder sogar einer monströsen Kreatur gejagt, von einem Tyrannen gequält, vergewaltigt, usw.

Man kann also sagen, dass, wenn die weibliche Natur unterdrückt wird und die Sexualität, die Vitalität, die Kreativität und die Verbindung mit den Gefühlen einer Frau blockiert, dies dazu führt, dass der negative Animus die Macht über die Psyche übernimmt, das Ego dominiert und eine extrem repressive und schädliche Macht im Leben einer Frau erlangt.

In Mythen und Märchen kann der negative Animus als Dämon des Todes, Räuber oder Mörder dargestellt werden. Blaubart zum Beispiel ist einer der wichtigsten Vertreter des negativen Animus in Märchen. Er erscheint als zerstörerische und mörderische männliche Kraft, die heimlich alle seine Frauen tötete und die Skelette in einem verschlossenen Keller mit einem magischen Schlüssel aufbewahrte - der mit einem festen Blutfleck anzeigte, dass seine jetzige Frau ihn geöffnet und entdeckt hatte und somit das nächste Opfer wurde. Er wird schließlich von den Brüdern seiner letzten Frau getötet, die ihn unterbrechen, als er sie enthaupten will, so wie er es bei den anderen getan hat. Bettelheim (2007) hält diese von Perrault erfundene Figur für den animalischsten und schrecklichsten Ehemann im Märchen.

Nach Von Franz (2002) verkörpert der Animus in der Gestalt von Blaubart alle halbbewussten, kalten und destruktiven Vorstellungen, die eine Frau beherrschen. In seinem Buch "Animus und Anima im Märchen" (1985) erwähnt von Franz erneut Blaubart als negativen Animus und erklärt, dass der Bart in den mythischen Geschichten die unbewusste, irrationale und oft grobe Konversation symbolisiert, die die vom Animus besessenen Frauen führen.

Der Ausweg aus dem Besitz des Animus ist nach Qualls-Corbett (2005) ähnlich wie die Arbeit mit dem Schatten: die direkte Konfrontation der Frau mit ihrem inneren Blaubart, ihre Anerkennung als autonome, vom Ego unterschiedene Entität und die Rettung dessen, was aus dem bewussten Leben verbannt wurde, nämlich die Weiblichkeit der Frau.

Von Franz (2010) bestätigt diesen Gedanken, betont jedoch, dass das Erkennen des Schattens der erste Schritt sein muss, um aus der Unterwerfung des weiblichen Ichs unter den Animus auszubrechen. Dieser Autor erklärt, dass sich die Frau auf diese Weise dessen bewusst wird, was mit ihr geschieht, und lernt, zwischen dem, was sie selbst denkt, und dem, was ihr Animus für sie denkt, zu unterscheiden, um ihn auf seine funktionale Position in der Psyche zu lenken, damit die Frau kreative Ziele und Positionen im Leben einnehmen kann.

Von da an kann die Frau eine gesunde Beziehung zum positiven Aspekt des Animus aufbauen, der ihr Qualitäten verleiht, die ihrer Entwicklung förderlich sind, wie Initiative, Unternehmertum, Mut, Ehrlichkeit, Objektivität und geistige Tiefe, da es sich um einen Archetyp handelt, der eng mit dem Selbst verbunden ist (VON FRANZ, 2002).

Wenn es richtig gemacht wird, durchlaufen Frauen vor allem durch Leiden

den Prozess der Individuation; im Unbewussten scheint sich dann die Libido zu regen. Gelingt es der Person, sich an den Teufel anzupassen, ohne von ihm verschlungen zu werden, kommt es zu einem Sprung ins Bewusstsein (VON FRANZ, 2010, S. 51).

Die bewusste Auseinandersetzung mit den Problemen des Schattens und des Animus braucht Zeit und ist mit viel Leid verbunden, das viele Frauen nicht auf sich nehmen wollen und, wenn sie sich in Therapie befinden, während dieser Zeit oft aufgeben. Wenn es jedoch um die Erweiterung des Bewusstseins geht, gibt es zwar kein "Ende" oder volles Glück, aber den Aufbau eines reifen "Ichs", das in der Lage ist, die negativen Kräfte, die aus dem Unbewussten kommen, zu erkennen und ihnen mit den geeigneten Mitteln zu begegnen, um nicht überwältigt oder unterworfen zu werden. Und der positive Kontakt mit dem Animus und dem Schatten führt auch zu einer gemeinsamen Unterstützung zwischen dem Ich und dem Selbst, wodurch das Individuum, und in diesem Fall die Frau, ganzer in ihrer Weiblichkeit wird und sich ihrer selbst besser bewusst wird.

WEIBLICHE NAIVITÄT UND DER PUELLA-ARCHETYP

Wenn Frauen ihrer Weiblichkeit, ihrer Sexualität, ihrer kreativen und fruchtbaren Seite, aber auch ihrer dunklen, unheilvollen und mondähnlichen Seite keine Aufmerksamkeit schenken, bedeutet dies, dass sie sich selbst verleugnen. Diese Verleugnung kann entweder durch die Ermutigung der immer noch sehr patriarchalischen Gesellschaft, in der wir leben, oder durch mangelnde Offenheit im familiären Kontext für die Entwicklung der Frau, ihre Weiblichkeit in ihrer Gesamtheit zu erfassen, entstehen. Die Verleugnung kann auch durch eine bewusste Entscheidung der Frau selbst erfolgen, in einer Haltung, die ihre Selbsterkenntnis unterdrückt. Es könnten noch viele andere Alternativen genannt werden, die alle für eine einzelne Person gleichermaßen gültig sein können.

Im Wörterbuch bedeutet das Wort "naiv" unschuldig, natürlich, ohne Arglist, einfach, eine aufrichtige Person ohne Bosheit (MICHAELIS, 1998). Daraus wird ersichtlich, dass Naivität als Merkmal eines aufrichtigen Menschen ohne Arglist geschätzt wird. In der Tat ist dies ein wichtiger Aspekt der Persönlichkeit eines jeden Menschen, da er dadurch nicht zu sehr rationalisiert und offen für das ist, was das Leben zu bieten hat. Speziell bei Frauen besteht jedoch die Gefahr, diese Haltung beizubehalten und damit anfällig für die Fallen des Lebens zu werden, sich als "leichte Beute" für den "Bösen Wolf", wie ich ihn nenne, zu machen, das innere Raubtier, das sich in der äußeren Umgebung manifestieren kann, je nachdem, wie vehement man versucht, es zu verleugnen.

Estés (1999) weist nachdrücklich darauf hin, dass die naive Frau, die darauf besteht, in dieser Position zu verharren und nicht auf die Stimmen der inneren und äußeren Weisheit zu hören, irgendwann in ihrem Leben von ihrem eigenen inneren Feind gefangen genommen werden wird. Gelingt es ihr jedoch, sich aus dieser Situation zu befreien, wird sie aufmerksamer, stärker und in der Lage sein, das Raubtier ihrer eigenen Psyche mit größerem Geschick zu erkennen und sich gegen es zu verteidigen.

Dieses Wissen, so Estés (1999), betrifft nicht nur junge Frauen, die noch unreif sind, was das Leben angeht, sondern auch ältere Frauen, die irgendwie noch nicht zu einer tieferen Wahrnehmung ihres inneren Selbst erwacht sind, die noch so naiv sind wie ein Mädchen und die, weil sie ihren großen bösen Wolf nicht erkennen, unter den Folgen seiner Anwesenheit leiden.

Die Autorin erklärt weiter, dass die Naivität Teil des natürlichen Entwicklungsprozesses jeder Frau ist. Sie entspricht dem Beginn des Lebens, wo die weibliche Sichtweise sehr kindlich und kindisch ist und das emotionale Verständnis für das Verborgene einschränkt. Diese naive Haltung bringt junge Frauen oft in verwirrende Situationen, die zu inneren und äußeren Konflikten führen (vor allem innerhalb der Familie). So ergeht es der jungen Frau in der bereits erwähnten Blaubart-Geschichte, die sich aus freien Stücken mit ihm verlobt, nur den Freuden ihres Egos folgt und nicht nur das böse Aussehen ihres Verlobten ignoriert, sondern auch die Warnungen ihrer älteren Schwestern, die ihm nicht trauen.

Nach Estés (1999) ignoriert die junge Frau, als sie sich bereit erklärt, Blaubart zu heiraten, den mörderischen Aspekt ihrer eigenen Psyche und achtet nicht auf ihre Intuition, sondern lässt sich von dem Reichtum, dem Komfort und den allgemeinen Vergnügungen, die Blaubart ihr bietet, verführen. Nach ihrer Heirat entdeckt sie jedoch, dass ihr Mann in Wirklichkeit ein schrecklicher Mörder ist, der hinter einer Geheimtür die Knochen enthaupteter Ehefrauen sammelt. Mit den Worten der Autorin,

> Das Problem ist, dass das Ego sich fantastisch fühlen will, während die Sehnsucht nach dem Paradies, wenn sie mit Naivität gepaart ist, uns nicht das Gefühl gibt, erfüllt zu sein, sondern uns vielmehr zur Zielscheibe für das Raubtier macht (S. 69).

Wie im vorangegangenen Kapitel erwähnt, gelingt es der jungen Frau, sich mit Hilfe ihrer Brüder zu retten, und sie wird dieser Erfahrung sicherlich

25

entkommen sein, indem sie viel von ihrer Naivität verloren und an Weisheit gewonnen hat, so dass sie eine weisere Frau geworden ist. Estés (1999) weist jedoch darauf hin, dass es den Frauen nicht immer gelingt, aus ihrer naiven Polarität auszubrechen, indem sie darauf beharren, sich mit räuberischen Männern zu verbinden. Sie sagt, dass Frauen eine unwiderstehliche Anziehungskraft auf diese Art von Beziehungen verspüren, eine Art "hypnotischer Blaubart", der sie dazu bringt, destruktive Muster zu wiederholen, die ihrer psychischen Gesundheit schaden. Wir werden später sehen, dass diese Anziehungskraft auch Rotkäppchen bei ihrer Begegnung mit dem großen bösen Wolf und den daraus resultierenden Folgen beeinflusst.

In der Jungschen Psychologie kann man die Polarisierung der naiven und kindlichen Aspekte der Persönlichkeit mit dem Archetyp des Puer in Verbindung bringen, der in der lateinischen weiblichen Version Puella heißt. Das *Puer aeternus* ist der Name eines antiken Gottes und bedeutet "ewige Jugend". In der männlichen Version bezieht er sich auf einen Mann, der in einer symbiotischen Beziehung mit seiner Mutter steht und keine innere väterliche Struktur hat, die ihn aktiv in die Welt stellt, und der wie ein "Peter Pan" agiert.

Bei Frauen führt Leonard (1998) aus, dass die symbiotische Beziehung zur Mutter und ein wahrscheinlicher negativer väterlicher Komplex dazu führen, dass sich das weibliche Ich mit dem Puella-Archetyp identifiziert. In diesem Fall zeigt sich die Frau als unsichere, instabile Person mit einem zerbrechlichen Ego, die versucht, ihre Identität auf der Projektion anderer auf sie aufzubauen, da ihr grundlegendes "Selbst" ihr unbekannt ist, was zu einem bemerkenswerten Mangel an Selbsterkenntnis führt.

So kann die Puella-Frau je nach den äußeren Umständen und den Personen, mit denen sie in Beziehung steht, verschiedene Gestalten annehmen: die sexy und verführerische Frau, die süße, hilfsbereite und gehorsame Tochter

26

oder Ehefrau, die Abenteurerin oder sogar die Heldin. Sie ist an die andere Person gebunden und von ihr abhängig, mit der sie eine Beziehung führt, und überlässt es ihr, die Verantwortung für sich selbst und ihre Entscheidungen zu übernehmen. Puellas leben in der Idealisierung ihrer perfekten Zukunft, die meist unerreichbar ist. Es fehlt ihnen an Bodenhaftung (LEONARD, 1998).

Der negative väterliche Komplex kann dazu führen, dass ein zerbrechliches Ich eine Identifikation mit dem Puella-Archetypus entwickelt, denn nach Kast (1997) veranlasst der negative väterliche Komplex in der Tochter die Frau, die mit einem schwachen Animus ausgestattet ist - da ihr Vater nicht als Spiegel für dessen Entwicklung diente - gewöhnlich dazu, ihren idealen Mann, ihren "Märchenprinzen" zu idealisieren. Infolgedessen beginnt sie, das gesamte Bild ihres inneren Männlichen, ihren Animus, auf den anderen zu projizieren und ihn überzubewerten.

Estés (1999) zufolge werden die Instinkte und die elementaren weiblichen Eigenschaften der Frauen weiterhin träge bleiben, unterdrückt und in ihrer Bedeutung vom Bewusstsein missachtet, solange man ihnen vorgaukelt, dass sie in Wirklichkeit sehr zerbrechlich und den Widrigkeiten des Lebens gegenüber verletzlich sind.

Der Ausstieg aus der Identifikation mit der Puella ist derselbe wie die Arbeit mit dem negativen Animus: Zuerst muss man dieses Ich strukturieren, stärken und dann den Schatten konfrontieren. Damit soll die Frau die Opferrolle verlassen und Autonomie entwickeln, sich von übermäßiger Bindung und Abhängigkeit vom anderen befreien. Indem sie sich selbst akzeptiert, ihr "Ich" so anerkennt, wie es ist, und es wertschätzt, wird sie die ständige Akzeptanz und Bestätigung ihrer Umgebung nicht brauchen. Infolgedessen wird sich die Unschuld und Naivität dieser Frau, die sich immer noch als wehrloses kleines Mädchen sieht, zu einer reiferen und selbstbewussteren Frau entwickeln, die mit Kreativität, Unabhängigkeit und

Vitalität für ihr Handeln in der Welt ausgestattet ist.

Wenn man sich den Kampf der Frauen im Laufe der Geschichte anschaut, um in ihrer Weiblichkeit respektiert zu werden und sich als gleichwertig mit dem Mann durchzusetzen, wird einem klar, wie rückständig es in der heutigen Gesellschaft ist, wenn eine Frau in dieser Position verharrt, ohne die ganze Größe des Weiblichen in ihrem Wesen zu erkennen.

> Wissen ist wichtig. Es ist ein Begriff, der aus dem Wissen um das innere Leben kommt. [...] In diesem Sinne bedeutet es **Erwachen**. Es ist das Ende der Unschuld. Wach zu sein bedeutet, aufzustehen und zu handeln, nicht in den Nebeln der Unwissenheit oder Trägheit zu treiben (SINGER, 2002).

Viele Jahre lang wurde den Frauen in der Geschichte das Recht auf Wissen, auf ein Erwachen nicht zugestanden. Es war eine streng patriarchalische Gesellschaft, in der die männliche Vorherrschaft die Frauen nur in die Rolle der Ehefrau und Mutter drängte. Infolgedessen blieb auch das Wissen über sich selbst und ihre Weiblichkeit auf der Strecke.

June Singer, eine Jungsche Autorin, berichtet in ihrem Buch "Die moderne Frau auf der Suche nach einer Seele" (2002), dass während ihrer Ausbildung zur Jungschen Therapeutin in Zürich in der Literatur ein zuverlässigeres Verständnis der Frau und dessen, was sie darstellt, fehlte. Die Autorin kritisiert, dass Jung in seinen Aufsätzen über Frauen eine ausschließlich männliche Sichtweise vertrat, da er Teil einer noch sehr männlich geprägten Gesellschaft war, was auch die prominentesten Denker seiner Zeit beeinflusste.

In der Frauenbewegung der 1970er Jahre entwickelte sich eine kollektive weibliche Identität, die von den Frauen selbst entwickelt wurde und nicht mehr von der männlich dominierten Gesellschaft und der Attraktivität der Medien aufgezwungen wurde. Es entstand das Konzept der "Androgynität", das Werte und Verhaltensweisen umsetzte, die zuvor als ausschließlich charakteristisch für das eine oder das andere Geschlecht galten - Frauen verhielten sich nur auf eine bestimmte Art und Weise, und auch Männern wurden eigene, feste Eigenschaften zugeschrieben (SINGER, 2002).

Von diesem Moment an, mit der Öffnung des Androgynie-Gedankens, war es laut Singer (2002) für Frauen möglich, zuzugeben, dass es in ihrem Inneren männliche Attribute gab, die die Gesellschaft zuvor nicht zum Ausdruck gebracht hatte, und die nun gezeigt werden konnten. Genauso wie Männer diese Freiheit erhielten, ihre inneren weiblichen Eigenschaften zu erkennen und sie ohne so viele Einschränkungen und Vorurteile auszudrücken, wodurch die Menschen vollständiger und sich ihrer selbst bewusster wurden.

Nach diesem kurzen geschichtlichen Abriss wird deutlich, dass den Frauen früher kein Raum gegeben wurde, um mit ihrem positiven Animus in der Gesellschaft zu agieren, d. h. mit ihrer Objektivität, ihrer Kraft, ihrem *Logos* (dem rationalen Aspekt der Psyche).

Es gab eine Zeit, in der die Neigung dieses Animus geschätzt wurde und für die Entwicklung der Rolle der Frau wichtig war, aber sie endete bei vielen Frauen damit, dass sie eine polarisierte Position in der Psyche einnahmen, und wie wir in dieser Arbeit bereits gesehen haben, lässt das Unbewusste normalerweise nicht zu, dass Polaritäten lange aufrechterhalten werden. Die andere Seite ist ebenfalls eingetreten, wobei einige Frauen diesem Fortschritt nicht gefolgt sind und die produktive Dynamik ihres inneren Männlichen unterdrückt haben. Und auch auf dieser Seite taucht das Unbewusste auf, um das Gleichgewicht zu fordern.

Im nächsten Kapitel werden wir uns einige Beispiele dafür ansehen, wie diese innerpsychische Dynamik durch die Metaphorik der Märchen - sowohl der ursprünglichen als auch der modernen - entsteht.

VOR LANGER ZEIT

Die Begegnung einer Frau mit dem Bösen in ihrem Schatten oder mit ihrem negativen Animus, ihrem inneren Raubtier, wird in alten und modernen Mythen und Märchen, die heute in Filmen und Seifenopern eine Rolle spielen, oft metaphorisch dargestellt. Diese Geschichten sollen der Frau von heute als Metapher und Spiegel bei der Bewältigung ihrer inneren und äußeren Konflikte dienen.

Ein Beispiel dafür ist das Märchen von der Schönen und dem Biest, das eindeutig die Initiation des jungen Mädchens, das mit seinem Vater verbunden ist, und ihre Verwandlung in eine Frau durch die Begegnung mit einem primitiven Mann, der ihren Animus repräsentiert, symbolisiert. Schauen wir genauer hin.

In seiner Interpretation des Märchens weist Henderson (2002) darauf hin, dass Bela, die jüngste von vier Schwestern, aufgrund ihrer Güte und Hingabe an ihren Vater zu dessen Liebling und Lieblingsperson wird. Mit anderen Worten: ein junges Mädchen, das in einer symbiotischen und idealisierten Beziehung zu seinem Vater steht, ohne eine Mutter zu haben, in der es seine sich entwickelnde Weiblichkeit widerspiegeln kann. Das Fehlen einer Mutter oder einer anderen mütterlichen Figur zu Beginn der Geschichte ist elementar in den Erzählungen, in denen die Gefahr der Besessenheit durch den Animus aufgedeckt wird. Nach Von Franz (2010) ist die Abwesenheit der Mutter genau die Zerbrechlichkeit und Unsicherheit des Weiblichen, in diesem Fall repräsentiert durch Beauty.

Bei der Begegnung mit der Bestie wird Belas Vater gefangen gehalten, bis sie seinen Platz einnimmt und zur Gefangenen dieses bedrohlichen Mannes wird. Mit anderen Worten: Sie bleibt nur aus Liebe zu ihrem Vater bei der Bestie, was ihre starke Bindung an ihn symbolisiert. Anfangs lehnt Bela systematisch die Heiratsanträge der Bestie ab, da sie sich verlieben muss, um ihren Fluch zu brechen, doch dann lässt sie sich auf ihn ein und erkennt, dass die Bestie gar nicht so monströs und dunkel ist.

Nach Henderson (2002) führt die Befreiung von den väterlichen Bindungen dazu, dass die junge Schönheit aus ihrer kindlich-naiven Position heraustritt und der animalischen und erotischen Seite ihrer Natur begegnet. Sie befreit sich, ihr Ich und ihr Menschenbild "... von den sie umgebenden repressiven Kräften und wird sich ihrer Fähigkeit bewusst, der Liebe als einem Gefühl zu vertrauen, in dem sich Natur und Geist vereinen" (S.138). Indem sie die Begegnung mit der Bestie, die ihr primitives Männliches repräsentiert, akzeptiert, kann Bela ihr Weibliches entwickeln und sich von ihrer idealisierten Beziehung zu ihrem Vater lösen, "den Fluch brechen" und dieses Männliche menschlich und nicht mehr tierisch und aggressiv machen.

In Zusammenarbeit mit Hendersons Analyse konzentriert sich Bettelheim (2007) auf die Frage nach dem Ausweg aus der ödipalen Beziehung zwischen Beauty und ihrem Vater. In der von diesem Autor erzählten Geschichte fügt er hinzu, dass ihr Vater erkrankt und das Biest seinem Gefangenen erlaubt, nach Hause zu gehen, unter der Bedingung, dass der Besuch nicht länger als eine Woche dauert. Ihre Schwestern, die eifersüchtig sind, schaffen es, Bela länger festzuhalten, und die Bestie ist wegen des gebrochenen Versprechens kurz vor dem Tod. Bela kehrt daraufhin sofort in den Palast der Bestie zurück, merkt, wie sehr sie sich mit ihm verbunden hat und sagt ihm, dass sie ihn liebt. Der Bann ist gebrochen und die Bestie wird zum Prinzen. Sie heiraten, ihr Vater zieht bei ihnen ein und die Schwestern werden zu Statuen, bis sie ihre Fehler eingestehen.

In Bezug auf die Krankheit der beiden männlichen Figuren in der Geschichte weist Bettelheim (2007) darauf hin, dass sie alle den Verlust ihres weiblichen, spirituellen Elements, das durch die Schönheit repräsentiert wird, spüren, wenn sie sich von ihr entfremdet fühlen. Wenn sie der einen Seite zu viel Zeit widmet, bleibt die andere auf der Strecke und umgekehrt. Der Ausweg besteht darin, die Polaritäten zu versöhnen und das zu vereinen, was einst isoliert war. Nach Ansicht der Autorin ist es eine unausgereifte Herangehensweise, diese beiden Lieben als Gegensatz zueinander zu betrachten. "Indem sie ihre ursprüngliche ödipale Liebe zu ihrem Vater auf ihren zukünftigen Ehemann überträgt, schenkt Bela ihrem Vater die Art von Zuneigung, die ihm am meisten nützt" (S. 412), und alle beginnen in perfekter Harmonie zu koexistieren.

Es handelt sich um ein Märchen, das durch sein "Happy End" die Lösung von der Beherrschung des negativen Animus und die Verwandlung des Mädchens in eine Frau darstellt. Der Autor stellt sogar einen Vergleich zwischen der Bestie und Blaubart an, indem er darauf hinweist, dass das Verhalten des letzteren seinem furchteinflößenden Aussehen entsprach, während sich die Bestie trotz ihres bedrohlichen Aussehens als ebenso menschliches und schönes Geschöpf wie die Schöne erwies.

Andere Geschichten zeigen jedoch, welche Folgen es hat, wenn Frauen naiv bleiben, wie in Rotkäppchen in der Originalfassung von Charles Perrault.

Michelli (2006) sagt, dass dieses Märchen ursprünglich ein tragisches Ende hatte, bei dem sowohl Großmutter als auch Rotkäppchen vom großen bösen Wolf verschlungen wurden und es keinen Holzfäller - der in einigen Märchen als Jäger auftritt - gab, der sie retten konnte. Diese Änderung wurde von den Brüdern Grimm vorgenommen, um das Märchen für Kinder anschaulich zu machen. Auf diese Weise zeigt das ursprüngliche Märchen die tragischen Folgen einer übermäßigen Naivität.

In ihrer psychologischen Interpretation des Rotkäppchen-Märchens weist Michelli (2006) auf das Fehlen von Animus in den beiden weiblichen Figuren, der Großmutter und Rotkäppchen, hin und darauf, dass in der Geschichte keine Vaterfigur erwähnt wird. Das Männliche erscheint nur in der Figur des Raubtiers, des Wolfs, der das Weibliche als Beute und nicht als gleichwertig ansieht, so dass es keine Andersartigkeit zwischen diesen beiden Komponenten gibt. Rotkäppchen erweist sich als zerbrechlich, unreif und mit einer Naivität ausgestattet, die sich nachteilig auf ihre Existenz auswirkt, denn auf ihrer Reise, um ihrer kranken Großmutter Nahrung (psychische Energie) zu bringen, ist sie sich der Bosheit des Wolfes nicht bewusst, der sie umgibt und täuscht und damit das Leben beider gefährdet.

Der Autor weist darauf hin, dass keiner der beiden eine Übertretung, eine *Hybris,* begangen hat und dennoch bestraft wurde. Die Großmutter, der Archetyp der Erfahrung, der Weisheit und des Senex, ist krank und kann nichts tun, um ihrer Enkelin oder sich selbst zu helfen. Vielleicht handelt es sich um ein psychisches Element, das vom Bewusstsein nicht ausreichend genutzt wird und nicht aktiv ist.

und "stirbt" schließlich, bevor die Nahrung, die Energie, die ihm geschickt wurde, ihn erreicht. Und Rotkäppchen, das einen kindlichen Zustand ohne Bosheit repräsentiert, wird von dieser primitiven und brutalen männlichen Kraft zerstört, die sich ihr in den Weg stellt und gegen die sie nicht ankämpfen kann.

Bettelheim (2007) hingegen weist darauf hin, dass der Wolf ein rein männliches Element ist, das die Sexualität in Rotkäppchen hervorruft, das noch als wehrloses und kindliches Mädchen agiert. Dieser Autor vertritt die psychoanalytische Ansicht, dass die Sexualität, wenn sie zu früh geweckt wird, zu einer regressiven Erfahrung wird, die unbewusste Inhalte hervorbringt, die noch primitiv sind und daher das Ich, das sie weckt, zu "verschlingen" drohen.

Bei der Analyse des Titels der Geschichte "Rotkäppchen" stellt der Autor die Protagonistin bereits als ein Mädchen dar, das nicht nur einen kleinen Hut hat, sondern auch noch zu klein ist, um das Rot der Kapuze (des Hutes) zu tragen, eine Farbe, die für intensive, auch sexuelle Gefühle steht. Um über die Beziehung zwischen Naivität und der bedrohlichen männlichen Kraft in der Frau nachzudenken, können wir das Wort "klein" nicht nur als eine infantile Bedeutung betrachten, die sich mit ihrem Körper und ihrer Sexualität noch entwickelt, wie Bettelheim meint, sondern auch als ein Weibliches, das noch unreif ist, unvorbereitet für eine solche Annäherung an das Männliche, obwohl es körperlich dazu bereit ist.

Die sexuelle Konnotation wird in Perraults Originalmärchen deutlich, wenn der Wolf sich einfach auf das Bett seiner Großmutter legt, ohne sich als sie zu verkleiden, und Rotkäppchen auffordert, sich auszuziehen und sich zu ihm zu legen. Der berühmte Dialog über die Ohren, die Augen und den Mund des Wolfes beinhaltet auch den Ausruf des Mädchens über die Arme des Wolfes, der antwortet, dass sie sie besser umarmen sollen (BETTELHEIM, 2007). An dieser Stelle stellt sich die Frage: War Rotkäppchen wirklich so frei von Bösartigkeit, so naiv und unschuldig, dass es deshalb verschlungen wurde? Es scheint, dass die Naivität von Rotkäppchen daher rührt, dass sie offen auf die Anziehungskraft reagiert, die sie für den großen bösen Wolf empfindet, dass sie nicht vor ihm wegläuft, als sie es könnte, und dass sie sich zu den endgültigen Konsequenzen hinreißen lässt.

In diesem Zusammenhang sollten wir auf das Zitat von Bettelheim (2007) in der Einleitung zu diesem Werk zurückkommen, wo er sagt:

> Wenn es nicht etwas in uns gäbe, das den großen bösen Wolf schätzt, hätte er keine Macht über uns. Deshalb ist es wichtig, sein Wesen zu verstehen, aber noch wichtiger ist es, zu wissen, was ihn für uns attraktiv macht. So attraktiv Naivität auch sein mag, es ist gefährlich, ein Leben lang naiv zu bleiben (S. 239-240).

Auf diese Weise wird deutlich, dass eine Frau, die sich ihres Raubtiers, ihrer negativen, grausamen und unheimlichen Kraft nicht bewusst ist, entweder in einer Weise erscheinen kann, die sie erschreckt und sie dazu bringt, dieses Böse abzuwehren, indem sie es als den Teufel ansieht, den es in Schach zu halten gilt, oder es kann sie in einer überwältigenden Weise anziehen, so dass sie von dieser zerstörerischen Kraft "verschluckt" wird, ohne zu wissen, wie sie ihr entkommen kann, wie es Rotkäppchen erging.

Im ersten Fall können wir als Beispiel jene Frauen nehmen, die das Böse auf die Welt projizieren und sich vor dem Leben fürchten, weil sie der Meinung sind, dass praktisch alles zu den Tricks des Teufels gehört, und wie wir bisher gesehen haben, wird die Projektion umso schlimmer, je weiter sich ein Individuum von seinem inneren Inhalt entfernt, und zeigt sich so gut wie möglich und immer stärker der Person, die sie verleugnet. Die zweite Situation tritt bei jenen Frauen auf, die am Ende den wirklichen großen bösen Wolf heiraten, und so sehr sie auch unter psychischer und/oder physischer Gewalt leiden und all ihre Energie von diesem Mann, mit dem sie eine Beziehung haben, ausgesaugt wird, sie können nicht von ihm loskommen, weil sie die Funktion dieses Raubtiers in ihrem Leben und in ihrem evolutionären Prozess noch nicht verstanden haben.

Die Geschichte von Rotkäppchen hat jedoch noch eine andere Version, in der sie, nachdem sie vom Wolf verschlungen wurde, aus seinem Bauch gerettet wird und dann, durch die Erfahrung gereift, "wiedergeboren" werden kann. Dies ist die Version der Brüder Grimm, die die schützende und rettende männliche Figur des Holzfällers (Jägers) einführen, der den Bauch des Bösewichts öffnet und Rotkäppchen und ihre Großmutter rettet. In der Erzählung der Autorin ist es das Mädchen selbst, das auf die Idee kommt, den Bauch des Wolfes mit Steinen zu füllen, damit er, wenn er aufwacht, tot unter seinem Körpergewicht zu Boden fällt. Es ist wie eine Aufgabe, die sie sich stellt, um die bedrohliche Situation, aus der sie gerettet wurde, zu lösen und ihre Schwäche zu überwinden.

Diese Version der Geschichte zeigt, dass gerade dann, wenn wir glauben, dass wir die Grenze erreicht haben und es keinen Ausweg aus einer bestimmten Situation gibt, das Selbst einen Ausweg vorschlägt, in einer Dynamik der Selbsterhaltung der Psyche. Jung (1916/2011) sagt, dass die Psyche ein selbstregulierendes System ist, das ständig bestrebt ist, gegensätzliche Tendenzen auszugleichen. Wenn also eine Person im Bewusstsein ein polarisiertes Verhalten an den Tag legt, bringt das

Unbewusste die entgegengesetzte Polarität durch Träume, Fantasien oder Projektionen auf die äußere Umgebung zum Vorschein, um dieses Ungleichgewicht zu korrigieren.

O'Kane (1999) stellt in Bezug auf Jungs Konzept des "Selbstheilungspotenzials" der Psyche fest, dass "das Unbewusste weiß, was für das Individuum richtig ist" (S. 22), und dass es dem Ich obliegt, sich auf die vom Selbst gesendeten Botschaften in der günstigsten Weise zu beziehen, um die bewusste Einstellung zu korrigieren und zu ergänzen.

So wurde Rotkäppchen dazu getrieben, diese Situation mit dem Wolf zu erleben, um sich mit diesem Aspekt ihrer Psyche auseinanderzusetzen, der ihr nicht bewusst war. Wenn sie angesichts des bedrohlichen Inhalts verletzlich bleibt, wird das Ende tragisch sein, wie Perrault sagt, aber wenn sie offen ist, diese Situation zu ändern, wird das Unbewusste ihr helfen, zu einem gesunden Zustand zurückzukehren, wie die Grimm-Version sagt. Und nach Bettelheim (2007) wird Rotkäppchen nach der Zeit, die es in der Dunkelheit des Wolfsbauchs verbracht hat - stellvertretend für die depressive Versenkung in ihr eigenes Unbewusstes und die dunklen Inhalte - wieder ins Licht geworfen, nun in einem höheren Bewusstseinszustand und in dem Bewusstsein, dass es ihre Natur war, die sie durch die Widrigkeiten gebracht hat, denen sie ausgesetzt war.

Der Film "Black Swan" von Regisseur Darren Aronofsky ist ein modernes Märchen, das die Auswirkungen zeigt, die es hat, wenn Frauen ihre Position der Naivität und Zerbrechlichkeit im Angesicht des inneren Bösen verlassen. Die Geschichte basiert auf dem Märchen "Schwanensee" und zeigt den Werdegang der Ballerina Nina, die die Protagonisten des Märchens - die Zwillinge Odile und Odette - in der gleichnamigen Show verkörpert.

In Bezug auf das Märchen vom Schwanensee sagt Guimarâes (2011), dass Odette die naive und romantische Schwester ist, die sich in einen weißen Schwan verwandelt, und Odile ist die Königin der Schwäne, der schwarze

Schwan, der mit Sinnlichkeit, Grausamkeit und Bosheit ausgestattet ist. Beide erscheinen als Metaphern für die Polaritäten, die der Persönlichkeit einer Frau innewohnen. Im Film ist die Figur Nina (gespielt von Natalie Portman) eine junge Frau, die in einer symbiotischen Beziehung mit ihrer Mutter - einer frustrierten ehemaligen Ballerina - lebt, ohne dass es eine Vaterfigur gibt. Ihre Mutter hält sie in der ewigen Position des "süßen Mädchens" und lässt nicht zu, dass irgendein Aspekt ihres Schattens zum Vorschein kommt. Infolgedessen behält Nina all ihren Eros, ihre Sexualität, ihr Konkurrenzdenken und ihre Aggression in ihrer dunklen Polarität.

Als sie in die Rolle der beiden Schwestern im Corps de ballet schlüpft, hat Nina, die den Weißen Schwan, die Facette in ihrem Bewusstsein, in ihrer Persona, so perfekt verkörpert, große Schwierigkeiten, ihren Schwarzen Schwan zum Vorschein zu bringen, und die körperlichen Halluzinationen beginnen. Zunächst projiziert sie ihren gesamten Schatten auf die Figur ihrer Mitschülerin Lily (gespielt von Mila Kunis), dann, als sie von ihrer Lehrerin ermutigt wird, ihre andere Polarität hervortreten zu lassen, zieht Nina nicht nur ihre Projektion auf Lily zurück, sondern verkörpert den Schwarzen Schwan selbst und identifiziert sich mit ihrem Schatten.

Im Falle dieses modernen Märchens war das Ego der jungen Frau nicht strukturiert genug, um der Konfrontation mit dem Schatten standzuhalten, und die Psychose setzte ein. Aber Black Swan zeigt deutlich, wie gefährlich es für eine Frau ist, kindisch, naiv und ständig süß zu bleiben, ohne zu erkennen, dass ihre Persönlichkeit darüber hinausgeht. Infolgedessen kommt es zu dem, was bereits in Kapitel II erwähnt wurde, nämlich dass das innere Böse an Kraft und Macht gewinnt und in der Lage ist, das Ego zu unterwerfen, so dass die gegensätzlichen Polaritäten nicht versöhnt werden, sondern lediglich ihre Plätze tauschen.

Im Film hat Nina jedoch die Möglichkeit, zum Weißen Schwan zurückzukehren, beide Seiten in extremer Weise zu erleben und zu dem

Schluss zu kommen: "Es war perfekt". Mit anderen Worten: Sie hat ihre Persönlichkeit als Ganzes kennengelernt und ihr Bewusstsein sicherlich stark erweitert, was ihren Individuationsprozess vorantreibt.

Diese Polarität zwischen der "guten Frau" und der "bösen Frau" zeigt sich deutlich im Mythos von Eva und Lilith. Pires (2008) weist darauf hin, dass Eva in der katholischen Tradition als Verursacherin des Untergangs des Menschen gilt, da sie sich von dämonischen Kräften verführen ließ und dadurch den Mann, ihren Gefährten, dazu verleitete, dasselbe zu tun. Lilith hingegen ist die volle Verkörperung dieser dämonischen Kräfte, da sie die erste Frau Adams war, die aus demselben Staub wie er entstanden ist, aber in den dämonischen Schatten verbannt wurde, weil sie mit Gott gebrochen hat.

In der Geschichte des Mythos weigerte sich Lilith, Adam untertan zu sein, da sie aus demselben Erdelement wie er stammte, aber aus den Unreinheiten dieses Staubs. Gott jedoch ließ eine solche Gleichheit nicht zu, und Lilith wurde zur Königin der Dämonen und erklärte dem Vater den Krieg. Sie wurde als Lilith, der schwarze Mond, der weibliche Teufel, Leviathan bezeichnet und mit der dunklen Seite des Mondes, den Tiefen des Meeres und der Schlange assoziiert, die das heutige Paar aus dem Paradies vertrieb.

So stellt Pires (2008) fest, dass Lilith die dunkle Seite des Weiblichen repräsentiert, die machiavellistischen Impulse und unerlaubte Sinnlichkeit, die vom Bewusstsein verdrängt werden. Sie ist die Verkörperung des eigenen Schattens einer Frau, der immer furchterregender und gefährlicher wird, je mehr sich die Evaseite der unterwürfigen, abhängigen, schwachen, emotionalen und mütterlichen Frau durchsetzt und sich dem bewussten Pol aufdrängt. Lilith wurde aus dem Paradies vertrieben, aber sie suchte ihre innere Stärke und wurde mächtig, aber auf eine zerstörerische Weise.

Bei einer Frau, die sich dieser wachsenden Kraft der Lilith in ihr nicht bewusst ist, kann sie sexuell kalt werden oder promiskuitiv, hysterisch, verroht, was dazu führt, dass sie die Menschen in ihrer Umgebung entfremdet, was sie physisch und psychisch krank machen kann. Lilith hat die Begrenzung durch den Eros (das Beziehungsprinzip), die ihr in der Ehe mit Adam auferlegt wurde, nicht akzeptiert, da sie in der sexuellen Beziehung immer unter ihm bleiben musste. Deshalb bringt sie in ihrem positiven Aspekt die Möglichkeit mit sich, die Liebe und die Sexualität in all ihren Formen zu erleben, in einer Weiblichkeit, die sich selbst anerkennt und schätzt, wie sie ist (PIRES, 2008).

Was Eva betrifft, die aus Adams Rippe geschaffen wurde, ist die Überlegenheit des Mannes, der die erste Frau der Welt "gezeugt" hat, offensichtlich. Pires (2008) stellt fest, dass Eva ihren Weg aus der Bewusstlosigkeit, aus dem paradiesischen Zustand, suchte, indem sie in den Apfel biss und Adam aufforderte, dasselbe zu tun, und damit ihre Übertretung, ihre *Hybris,* beging, wofür sie beide bestraft wurden - aber sie wurden sich ihrer selbst und des anderen bewusster.

Doch obwohl sie die Urheberin der Erbsünde war, ist Eva die Charakterisierung des treuen Weiblichen, einer kameradschaftlichen Ehefrau, deren Erfüllung in Ehe und Mutterschaft liegt. Lilith hingegen steht für Freiheit, Unabhängigkeit und Weiblichkeit, die frei von gesellschaftlichen Regeln und Vorschriften ist. Pires (2008) zitiert Pagels (1992, S. 106-107) mit den Worten, dass "Licht und Dunkelheit, Leben und Tod, rechts und links, Brüder und Schwestern sind. Sie sind untrennbar. Aus diesem Grund ist das Gute nicht gut, und das Schlechte ist nicht schlecht" (S. 58).

Aus den hier geschilderten Geschichten wird noch deutlicher, dass man, was die psychischen Instanzen betrifft, die Persönlichkeit nicht etikettieren oder mit "besseren" oder "schlechteren" Werten belegen kann. Der böse Wolf frisst nur deshalb erbarmungslos, weil er dazu konditioniert wurde; er hat Kraft, Hunger und innere Autonomie gewonnen, weil das Ich der Frau sich bemüht, diesen Aspekt von ihr, ihr Männliches, ihren Animus, aus dem Bewusstsein zu halten. Dann kommt er und fordert seine Präsenz ein. Wenn es erkannt, analysiert und auf gesunde und bewusste Weise genährt wird, verliert es seine böse Ladung und wird zu einem "Partner", der die Frau in ihrem Individuationsprozess unterstützt. In gleicher Weise hört auch die Bestie auf, eine Bestie zu sein, und wird zu einem menschlichen Wesen, einem Gleichgestellten, der in ausgewogener Weise mit der weiblichen Seite der Frau in Beziehung steht.

So wie die Facetten des Weiblichen in Licht und Schatten präsent sind, können sie auch in Partnerschaft zusammenarbeiten. Eine Frau muss sich nicht entscheiden, ob sie Weißer Schwan oder Schwarzer Schwan, Lilith oder Eva sein will; sie kann beides sein und von der ganzen Vielfalt des Lebens profitieren, die sie bieten. Auf diese Weise muss die destruktive und gefährliche Seite des Egos nicht mit so viel Kraft auftreten, um es zu destabilisieren. Innere "Dämonen" wird es so lange geben, wie wir leben, aber eine Frau wird ihre eigene Heldin sein, wenn sie es versteht, sie zu betrachten und auch ihre Stärke zu zeigen, indem sie das Produktive von ihnen aufnimmt und sie nicht als etwas fürchtet, das mächtiger ist als sie selbst.

ABSCHLIESSENDE ÜBERLEGUNGEN

Diese Arbeit eröffnet die Möglichkeit, verschiedene andere Analogien über die Beziehung zwischen dem Bösen, der Naivität und den Frauen herzustellen. Vor allem in der Wahrnehmung dieser in der Dynamik des täglichen Lebens, ob im persönlichen Leben, in der klinischen Arbeit oder in der Analyse eines Films oder Märchens.

Nach der vorgestellten Theorie handelt es sich um einen ständigen Entwicklungsprozess, der, wie jeder Ausstieg aus einer stabilen Position, viel Leid verursacht und Zeit braucht. Geduld und Hingabe sind daher vom Therapeuten und von denjenigen, die mit der Frau zu tun haben, die sich in dieser Situation der Polarisierung in einem Teil ihrer Psyche befindet, gefordert.

Was die Ziele betrifft, so glaube ich, dass ich erreicht habe, was ich mir vorgenommen hatte, wobei ich lediglich einräumen muss, dass es an Theorien über die Polarisierung der Frauen in ihrer dunklen Seite im Gegensatz zu ihrer Naivität mangelte; außerdem habe ich das Kapitel über die zeitgenössischen Frauen durch aktuelle Schriften von Frauen zu diesem Thema ergänzt. Es bleibt ein Hinweis auf künftige Studien über die Dynamik der Frauen, die so reichhaltig ist und unzählige akademische Ausarbeitungen zu diesem Thema erfordert.

Eine weitere Anregung für weitere Studien wäre die Analyse der Dynamik der *Coniunctio* in diesem Ansatz für Frauen. *Coniunctio ist* für die analytische Psychologie, kurz gesagt, die Vereinigung der Gegensätze, männlich und weiblich, die sowohl intrapsychisch als auch extrapsychisch stattfindet. Auf diese Weise wird es möglich, die Möglichkeiten der Ehe einer Frau mit ihrem inneren Männlichen, das sie auf die Welt projiziert, archetypisch zu erklären.

Es muss auch klargestellt werden, dass die hier vorgestellten Lösungen für die Integration des Bösen in der Frau, sei es des Schattens oder des Animus, darauf abzielen, eine gleichberechtigte Beziehung zwischen diesem weiblichen Ich und seiner inneren Komponente herzustellen, und nicht einen einfachen "Austausch" der Polaritäten. Kein Konzept des Bösen, der Männlichkeit, der Weiblichkeit oder der Naivität ist mehr oder weniger wertvoll oder mehr oder weniger wichtig für die Psyche und die Dynamik der Frau. Was äußerst wichtig ist, ist das Gleichgewicht zwischen ihnen, das Verständnis, dass alles die menschliche Natur ist und alles der Gesamtpersönlichkeit entspricht.

Die Annäherung an dieses Gleichgewicht und das natürliche Erkennen aller inneren Wechselfälle, der guten wie der schlechten, ist Teil des Individuationsprozesses, der Bewusstseinserweiterung und des Weges zu einer reiferen Identität. Ich hoffe, dass ich mit diesem Werk zu einer stärkeren Reflexion über dieses Thema beigetragen habe, indem ich die Leserinnen ermutigt habe, neugieriger auf sich selbst und ihr inneres Übel zu sein, und sie dazu gebracht habe, es besser zu entdecken, und dass ich den Männern geholfen habe, in den Frauen ihres täglichen Lebens das wahrzunehmen, was in diesem Werk theoretisiert wurde, was ihre Beziehung zu ihnen begünstigt, sei es im persönlichen Bereich oder in der klinischen Arbeit.

Im Anhang finden Sie die Moral der Märchen Rotkäppchen und Blaubart, die der Autor Charles Perrault selbst verfasst hat, nur aus Neugierde. Es ist interessant, die sexuellen Konnotationen zu bemerken, die er in beiden Märchen aufwirft, da er mit diesen Geschichten junge Mädchen warnen wollte. Dies veranschaulicht, was zu Beginn dieses Artikels gesagt wurde, nämlich dass ein und dasselbe Märchen auf unterschiedliche Weise interpretiert werden kann, selbst wenn sie von der eigenen Vision des Autors abweichen oder sich ergänzen.

REFERENZEN

BETTELHEIM, Bruno. **Die Psychoanalyse der Märchen.** Sâo Paulo: Paz e Terra, 2007.

COELHO, Nelly N. **Das Märchen:** Symbole, Mythen, Archetypen. Sâo Paulo: DCL, 2003.

ESTÉS, Clarissa Pinkola. **Frauen, die mit den Wölfen laufen.** Rio de Janeiro: Rocco, 1994

FRANZ, von Marie L. **Der Schatten und das Böse in den Märchen.** São Paulo: Paulus, 1985.

. **Die Interpretation von Märchen.** São Paulo: Paulus, 1990.

. Der Individuationsprozess. In: **Der Mensch und seine Symbole.** JUNG, Carl G. (et al). Rio de Janeiro: Nova Fronteira, 2002.

. **Animus und Anima in Märchen.** Campinas: Verus, 2010.

FUENTES, Lygia Aride. Der Teufel Fascinosum. **Jungianisches Institut von Rio de Janeiro**, Rio de Janeiro, September 1997. Verfügbar unter: http://www.jung- rj.com.br/artigos/diabo.htm. Abgerufen am: 03. August 2011.

GUIMARÂES, C. A. F. **Black Swan:** Eine kinematografische Lektion über Jungsche Psychologie. In:

http://oespiritualismoocidental.blogspot.com/2011/02/cisne-negro-uma-aula-cinematografica-de.html. 2011. Abgerufen am: 16. September 2011.

HENDERSON, Joseph L. Antike Mythen und der moderne Mensch. In: **Der Mensch und seine Symbole.** JUNG, C. G. (et al). Rio de Janeiro: Nova Fronteira, 2002.

HILMANN, James. **Eine innere Suche in Psychologie und Religion.** 4ª ed. Sâo Paulo: Paulus, 2004.

JUNG, Carl G. **Die Natur der Psyche.** 1916, OC, v. 8/2. Petrópolis: Vozes,

2011.

. **Psychologie des Unbewussten**. 1942, OC, v. 7. Petrópolis: Vozes, 1987.

. **Archetypen und das kollektive Unbewusste**. 1955, OC, v. 9/1. Petrópolis: Vozes, 2008.

KAST, Verena. **Ängste und ihr Umgang im Märchen**. São Paulo: Paulus, 2006.

. **Väter und Töchter, Mütter und Söhne**. Sâo Paulo: Loyola, 1997.

LEONARD, Linda S. **Die verletzte Frau:** auf der Suche nach einer verantwortungsvollen Beziehung zwischen Männern und Frauen. Sâo Paulo: Summus, 1998.

MICHAELIS. **Modernes Wörterbuch der portugiesischen Sprache**. São Paulo:

Companhia Melhoramentos, 1998.

MICHELLI, Regina Silva. Die Reise in Rotkäppchen: Artikulation von Diskursen und Darstellungen in der Kinderliteratur. In: JOBIM, José Luis et al. Places of discourse. *X*. **Internationaler Kongress der Brasilianischen Vereinigung für Vergleichende Literaturwissenschaft**. Rio de Janeiro: ABRALIC, S.1-13. 2006.

O'KANE, Françoise. **Der Schatten Gottes:** Überlegungen zu Depressionen und der religiösen Dimension der Existenz. São Paulo: Axis Mundi, 1999.

QUALLS-CORBETT, Nancy. **Die heilige Prostituierte:** das ewige Gesicht des Weiblichen. 5ª Ed. Sâo Paulo: Paulus, 2005.

PIRES, Valéria F. **Lilith und Eva:** archetypische Bilder der Frau von heute. Sâo Paulo: Summus, 2008.

SANFORD, John A. **Unsichtbare Partner:** das Männliche und Weibliche in jedem von uns. São Paulo: Paulus, 2002.

SILVA, E. L. da; MENEZES, E. M. **Metodologia da pesquisa e elaboração de dissertaçao.** 4. Auflage. Florianópolis: UFSC, 2005. Verfügbar unter: <http://www.portaldeconhecimentos.org.br/index.php/por/content/view/full/10 232>. Abgerufen am: 10. August 2011.

SILVEIRA, Nise da. **Jung:** Leben und Werk. Rio de Janeiro: Paz e Terra, 1997.

SINGER, Juni. **Die moderne Frau auf der Suche nach ihrer Seele: ein** jungianischer Leitfaden für die sichtbare und die unsichtbare Welt. São Paulo: Paulus, 2002.

WHITMONT, E. C. **Die Suche nach dem Symbol:** Grundbegriffe der analytischen Psychologie. São Paulo: Cultrix, 1998.

Referenz im Anhang

PERRAULT, Charles. **Die Märchen von Perrault**. São Paulo: Paulus, 2005.

ANHANG

KLEINER ROTER HUT

Moral

Sie können hier kleine Kinder sehen,

Vor allem kleine Mädchen,

Schön, wohlgeformt und sanft,

Sie tun sehr schlecht daran, auf irgendeine Art von Menschen zu hören,

Das ist nicht ungewöhnlich,

So sehr, dass der Wolf sie frisst.

Ich sage der Wolf, aber nicht alle Wölfe

Sie sind die gleiche Art;

Der angenehme Humor,

Kein Lärm, keine Galle oder Wut,

Wie zahm, selbstgefällig und süß,

Die Jungfrauen folgen

Sogar in den Häusern, sogar in den Gassen;

Aber wehe dem, der nicht erkennt, dass diese süßen Wölfe die gefährlichsten aller Wölfe sind.

BLAUER BART

Moral

Neugier, trotz all ihrer Reize,

Das ist oft sehr bedauerlich;

Dafür gibt es jeden Tag tausend Beispiele.

Trotz des Sex ist es ein sehr schnelles Vergnügen;

Sobald sie genommen ist, ist sie nicht mehr da, und sie kostet immer zu viel.

Eine andere Moral

Wie klug man auch sein mag, wie gut man die Rätsel der Welt auch kennt, man merkt bald, dass diese Geschichte

Es ist ein Märchen aus einer vergangenen Zeit; kein Ehemann ist mehr so schrecklich, noch verlangt er Unmögliches, auch wenn er unzufrieden und eifersüchtig ist. In der Nähe seiner Frau gilt er als unterwürfig; und egal welche Farbe sein Bart hat, es ist schwer zu beurteilen, wer von beiden der Herr ist.

Printed by Books on Demand GmbH, Norderstedt / Germany